DENTU, ÉDITEUR, PALAIS-ROYAL, GALERIE D'ORLÉANS.

LES
ÉLECTIONS PROCHAINES

> Persuader aux hommes qu'ils doivent
> s'occuper de leurs affaires est, je ne
> l'ignore pas, une entreprise ardue.
>
> DE TOCQUEVILLE.

I.

De tous côtés on affirme que les élections générales sont proches.

Ceux qui le disent n'en savent peut-être rien. Cependant c'est possible.

Mais, bien avant que la période électorale soit ouverte, il nous a paru très-utile d'éclaircir quelques points à l'égard desquels il existe beaucoup de malentendus dans presque tout le pays.

La plupart de nos concitoyens, très-ennemis du désordre et des révolutions, toujours disposés à soutenir le gouvernement quel qu'il soit, ne demandent qu'une chose en échange de leur soumission et de leurs sacrifices, c'est que *tout marche bien*, c'est-à-dire que la nation soit prospère au dedans; influente, respectée, redoutée même, au dehors.

Or, lorsque viennent les élections, des hommes en place et des journaux favorisés leur tiennent ce discours :

« Si vous nommez des députés agréables au gouvernement, la chambre et le gouvernement étant d'accord, tout marchera bien; tandis que, si vous nommez des députés de l'opposition, il y aura des noises entre le gouvernement et la chambre, de sorte que les choses marcheront mal. »

Là-dessus nos concitoyens votent pour les candidats officiels, c'est-à-dire recommandés par le préfet.

Eh bien, ceux qui leur tiennent ce langage se trompent ou les trompent, c'est facile à prouver.

En effet, quelle est l'organisation de la machine gouvernementale en France?

Cette organisation, depuis la base jusqu'au faîte, est essentiellement composée de magistrats exécutifs nommés par le chef de l'État, et de conseils nommés par les citoyens.

Dans la commune, il y a le maire, magistrat nommé par le chef de l'État [1], et le conseil municipal nommé par les citoyens.

Au chef-lieu d'arrondissement, il y a le sous-préfet, nommé par le chef de l'État, et le conseil d'arrondissement nommé par les citoyens.

Au chef-lieu de département, il y a le préfet, nommé par le chef de l'État, et le conseil général nommé par les citoyens.

Et enfin, au sommet de cette organisation, il y a le chef de l'État et les députés nommés par les citoyens.

Par cette organisation, on a voulu faire que tous

1. Il était jadis nommé par les citoyens.

les magistrats, organes du pouvoir exécutif et administratif, étant choisis et nommés par le chef de l'État, exécutassent ses ordres avec la plus entière ponctualité.

Mais cette organisation a aussi pour but de surveiller incessamment l'exécution des lois auxquelles doivent se conformer les magistrats administratifs, organes du pouvoir exécutif.

Ces conseils nommés par les citoyens sont institués pour *contrôler* partout l'administration.

Le conseil municipal doit contrôler le maire et voter sur les mesures qui lui sont proposées.

Le conseil d'arrondissement doit contrôler le sous-préfet et voter sur les mesures qui lui sont proposées.

Le conseil général doit contrôler le préfet et voter sur les mesures qui lui sont proposées.

Enfin le corps législatif doit concourir à l'établissement des lois.

Lui seul vote le budget, et il contrôle l'emploi des finances nationales.

Cette organisation, qui date de la grande révolution du dernier siècle, est si forte, qu'en définitive, elle a résisté à toutes les révolutions — dix environ — qui se sont succédé depuis lors.

Soit que le pouvoir exécutif ait appartenu à un conseil directeur ou une assemblée souveraine, à trois consuls ou un empereur, à un roi ou à un président de république, cette grande machine a fonctionné avec plus ou moins de régularité depuis trois quarts de siècle.

Ainsi, le but de cette institution était originairement d'obtenir à la fois une très-grande énergie, un très-grand ensemble dans l'action administrative et de garantir cependant le pays et les citoyens contre les erreurs ou les mauvaises intentions des magistrats exécutifs, puisque les conseils institués à côté de ces magistrats pouvaient les rappeler au devoir.

On avait même jugé nécessaire à la liberté et à la bonne gestion du pays que, dans la commune, le magistrat exécutif, c'est-à-dire le maire, bien que sous la direction du gouvernement, fût nommé par les citoyens. Ce dernier point a été changé ; pourtant l'institution en général a toujours pour objet d'obtenir, à tous les degrés, un contrôle des magistrats exécutifs par les citoyens élus membres des conseils.

Mais il est facile de comprendre que si les conseillers destinés à contrôler les magistrats exécutifs n'en ont pas la volonté ou la capacité, vous n'aurez pas de contrôle; et le but de cette institution sera manqué. Sans nous arrêter à ce qui concerne les conseils inférieurs, examinons ce qui touche le corps législatif.

Ce grand conseil, placé au sommet de la hiérarchie, est de beaucoup le plus important de tous. Voilà deux cent quatre-vingt-trois hommes qui disposent de votre fortune par les impôts, et de votre bonheur, sinon par ce qu'ils peuvent faire, du moins par ce qu'ils peuvent empêcher.

Or, n'est-il pas évident que si les députés sont nommés sur l'indication du préfet, qui représente le pouvoir exécutif, le contrôle sera illusoire?

Donc, même lorsque tout marche à souhait et selon vos désirs, il est imprudent de nommer comme député le candidat qui vous est indiqué par le pouvoir exécutif, car vous êtes bien assuré que ce n'est pas de celui-là que vous pourrez attendre un contrôle très-sévère à l'égard du pouvoir qui vous l'a présenté et qui a tout fait pour que vous le nommiez; plus vous voyez l'administration se démener pour faire passer son candidat, plus vous

devez vous en méfier, car si le gouvernement tient si fort
à ce qu'il soit nommé, c'est sans doute parce qu'il le sait
très-commode, très-arrangeant, et point du tout porté à
un contrôle qui n'est jamais agréable.

Mais si vous êtes mécontents de la marche des choses,
c'est bien une autre affaire.

En effet, d'où provient cette marche des choses que
vous trouvez mauvaise?

Apparemment, de ce que le gouvernement a mal géré
et a été mal contrôlé par le corps législatif.

Il est donc évident que, si vous n'êtes pas contents de
la marche des choses, vous ne devez pas renommer
les hommes qui faisaient partie de la majorité dans la
chambre défunte ou dissoute, et qui avaient été les candidats du gouvernement aux dernières élections.

Bien plus, si vous êtes mécontents de la marche des
choses, il est évident que la première recommandation
à vos yeux pour un candidat, c'est qu'il soit combattu
par l'administration.

En effet, si l'administration le combat, c'est parce
qu'elle sait qu'il sera un député sévère, qui contrôlera
rigoureusement ses actes. Cela lui déplaît, fort bien;
mais si vous êtes mécontents, c'est cela qui doit vous
plaire, c'est pour cela que vous devez le nommer.

Selon l'avis d'un grand nombre de citoyens éclairés,
et même attachés au gouvernement, les impôts sont trop
lourds; les choses n'ont pas bien marché depuis un certain temps; il y a du malaise, de l'inquiétude, des
mécontentements plus ou moins graves.

C'est pourquoi beaucoup de candidats se présenteront
partout contre le candidat officiel, c'est-à-dire contre le
candidat patronné par l'administration.

Ceux qui se présenteront ainsi contre le candidat de

l'administration s'appelleront candidats indépendants, candidats libéraux; il y en aura même qui s'appelleront candidats radicaux; au total, il y en aura beaucoup. Comment vous débrouillerez-vous parmi ces indépendants, ces libéraux, ces radicaux? lequel prendrez-vous?

Prendrez-vous le plus riche?

Assurément, une élection occasionne aujourd'hui de si grandes dépenses qu'il n'est pas mal que le candidat soit riche, quoique cette nécessité soit un malheur; il serait plus honorable pour le pays que les électeurs recherchassent le plus digne, fût-il pauvre, et qu'au besoin on se cotisât dans les circonscriptions pour faire les impressions d'affiches et de circulaires que ne pourrait faire un candidat pauvre, mais ferme, instruit et capable.

Il est certain aussi que le riche n'est pas le représentant naturel du pauvre, et que le suffrage universel émane, en immense majorité, de citoyens qui sont loin d'être riches.

Mais il est certain pourtant qu'un homme dont la position est assurée, et qui n'a pas besoin de perdre son temps en des soins vulgaires pour faire fortune ou pourvoir sa famille, se trouve dans une situation bien meilleure pour se livrer aux études et aux occupations de toute sorte que réclame le mandat de député.

Cependant, si la richesse est une garantie d'indépendance et de liberté d'esprit, elle ne suffit pas à faire un bon député.

Serait-ce un titre, en ce sens que beaucoup d'électeurs préféreraient le plus riche comme étant celui qui récompenserait le mieux leur vote?

Malheur à ceux qui feraient un semblable calcul! Malheur à notre nation si ce calcul misérable devenait prédominant dans les résolutions populaires, car si un tel exemple était donné par le suffrage universel, il faudrait désespérer de l'humanité!

Non, ce ne sont pas des libéralités que vous devez demander au candidat, mais des preuves de capacité, des titres anciens et sûrs, des titres publics à la confiance publique.

Au député vous devez demander du travail, des discours, des votes courageux, et non pas des aumônes.

Après cette année, qui a été très-dure dans beaucoup de départements, des hommes vous diront à vous que la gêne serre aux flancs et que le besoin talonne : « Je suis riche, j'ai des millions, nommez-moi, — et, de plus, je suis libéral. »

Et d'autres derrière eux viendront et vous diront : Il est riche et, de plus, libéral. Et la preuve, c'est que je viens vous payer à boire, c'est que je suis chargé de sa part d'offrir un don à votre commune.

Et à quoi vous avancera la bouteille ou le don, si, après vous avoir fait boire dix sous de vin et manger du veau ou du lapin, si, après avoir donné à votre commune quelques cents francs dont vous ne profiterez guère, on vous vote à la chambre des lois sur l'armée et des lois d'impôts qui vous prendront dix fois, cent fois plus qu'on ne vous aura donné?

Et si vous êtes assez malheureux pour remplacer un devoir par un calcul dans la nomination de vos députés, si vous êtes assez imprudents pour sacrifier le devoir de rechercher le meilleur député à l'intérêt que vous pourrez trouver dans la nomination de tel ou tel qui n'est ni le plus instruit des candidats, ni le plus intelligent, ni le plus éprouvé, de quel droit vous plaindrez-vous ensuite si ce digne représentant, afin de se rembourser des dépenses qu'il aura faites pour conquérir vos suffrages, vote les yeux fermés pour le gouvernement, qui dispose des places, des honneurs et des grandes affaires, et néglige de rechercher rigoureusement ce qui est juste, ce qui est sage, ce qui est pénible, mais digne des acclamations d'un grand peuple?

Si votre député a appris par expérience que vous n'aviez pas d'acclamations pour le patriotisme, le désintéressement politique et le courage, pourquoi aurait-il du patriotisme, du désintéressement et du courage?

Si par votre exemple il a appris que vous ne cherchez tous qu'un misérable gain immédiat, sans vous occuper de l'avantage du pays qui est cependant votre avantage, pourquoi vous étonneriez-vous qu'à la chambre il fît comme vous?

II.

Les députés de la majorité, et tous ceux qui ont approuvé et qui approuvent la politique gouvernementale actuelle, vous diront — pour combattre ceux qui demandent un changement de politique — que ce changement serait fatal et conduirait à des révolutions.

Ces propos sont très-vieux et toujours à l'usage de ceux qui ne veulent aucun progrès.

Cependant il est évident que, sans être un ennemi de l'ordre, on peut demander qu'on en finisse avec les dépenses ruineuses; que, sans être un ennemi de la propriété, on peut demander que la progression croissante des budgets soit arrêtée.

Il est encore évident que, sans être un artisan de révolution, on peut demander que l'opinion publique et le corps législatif soient un peu plus souvent consultés lorsqu'il s'agit des grandes mesures qui peuvent engager les destinées, le drapeau et la fortune de la France.

Prétendre qu'un changement de politique dans ce sens conduirait à une révolution est absolument déraisonnable.

Il est certain que l'immense majorité de ceux qui, en France, demandent de tels changements, non-seulement ne désirent pas de révolution, mais redoutent beaucoup toute révolution.

A aucune époque, peut-être, la France n'a désiré de révolution; mais, à diverses époques, elle a demandé à ses gouvernements des changements de politique qui lui ont été refusés. Et de là sont venues les révolutions.

Eh bien, aujourd'hui un grand nombre de Français demandent des changements dans la politique; ceux-là devront voter pour les candidats de l'opposition, car les candidats officiels doivent voter tout ce que propose le gouvernement : impôt, emprunts, budget, lois militaires, tout, absolument tout.

Ils le nient, et les organes du gouvernement se récrient et le nient encore plus fort, mais c'est vrai. Tellement vrai, qu'aux dernières élections on a vu écarter par le gouvernement des députés officiels qui avaient voté tout, excepté deux ou trois articles, ou qui s'étaient avisés de voter quelques amendements repoussés par le gouvernement.

III.

Les admirateurs de la politique actuelle s'en vont répétant sur tous les tons que le gouvernement est démocratique. — L'opposition demande que le gouvernement prouve qu'il est démocratique en laissant la démocratie intervenir dans ses propres affaires.

Les organes du gouvernement nous disent qu'il est libéral. — L'opposition répond : Prouvez-le en donnant aux élections la forme précise d'un appel au pays sur la question de savoir si le gouvernement doit ou non suivre la même politique.

Tout récemment un ministre disait à la tribune que le gouvernement *ferait appel à l'opinion publique.*

Ce que nous voulons ici, — et nos adversaires nous accorderont que nous y travaillons avec franchise, — ce que les hommes sincères doivent désirer par-dessus tout, c'est de faire comprendre aux électeurs leur rôle dans cette grande circonstance, et combien il importe que leur réponse à la question posée par le gouvernement soit claire.

L'opposition dit : Pour que cet appel fût significatif, efficace, il faudrait que rien n'en entravât l'expression. Il faudrait qu'au moins pendant toute la durée de la période électorale, la nation étant à la veille d'exercer sa souveraineté, les réunions fussent libres, les discours libres, la presse libre ; comment voulez-vous qu'on sache bien ce que pensent les candidats et quels sont les plus capables et les plus instruits d'entre eux, s'il ne leur est pas possible de s'expliquer librement devant les électeurs ?

Or la loi de la presse, que l'on vient de faire, rend la création d'un journal extrêmement difficile, car il faut de très-grandes sommes d'argent ; elle rend la rédaction d'un journal extrêmement périlleuse, car les peines sont innombrables.

Et les catégories de délits sont si étendues qu'il est presque impossible d'écrire pendant un mois avec l'ardeur légitime qu'inspirent ces grands intérêts sans tomber dans l'une ou dans l'autre. Pourtant il y a des questions compliquées, nombreuses, que la presse seule pourrait discuter suffisamment pendant la période électorale.

Quant à la loi sur les réunions, il y a si peu de choses dont on puisse parler sans danger, il y a tant de difficultés, il faut tant de formalités faute d'une seule desquelles on tombe sous le coup de la prison ou d'énormes amendes, que ce beau droit est un peu comme le droit de se jeter à l'eau dont on n'usera guère.

D'ailleurs, toute réunion publique est interdite dans les cinq derniers jours de la période électorale, ceux précisément où elles seraient le plus nécessaires. Cependant, si les électeurs ne peuvent pas se réunir pour discuter entre eux les mérites des candidats jusqu'au dernier moment, comment veut-on que l'appel fait à l'opinion publique ait la valeur d'un verdict éclairé, décisif?

IV.

On dira, comme toujours, que les candidats de l'opposition sont des ennemis du repos public, et que le gouvernement court les plus grands périls.

Eh bien, non! il ne faut pas parler de périls pour l'ordre, car jamais l'ordre n'a été plus général.

Non, il ne s'agit pas de révolution, il s'agit d'impôts et de traités; il s'agit de lois et de libertés.

Il y a des gens qui s'écrient: Nous sommes les hommes de 1852!...

Ils se figurent toujours qu'ils ont quinze ans de moins.

Ce temps a été si bon pour eux, qu'ils en ont savouré la douceur sans en mesurer le cours.

Pourtant 1852 est loin, et tant pis pour ceux qui le rappellent à chaque instant, lors même qu'on ne leur en parle pas!

Oui, 1852 est loin. Beaucoup de ceux qui pleuraient alors ont cessé de souffrir; beaucoup de ceux qui triomphèrent sont ensevelis depuis longtemps.

Mais à la place de ceux qui sont descendus dans la mort, vainqueurs ou vaincus, des générations entières sont parvenues à la virilité. Ceux-là comptent en gros l'histoire confuse de leurs pères comme un chapitre de plus à l'histoire épique des combats d'éloquence et de guerre, dont ce pays est le grand théâtre depuis tant de siècles.

Cela peut les intéresser parfois, mais les passionner, j'en doute.

Ils viennent avec leurs idées, leurs intérêts, qui sont différents des intérêts et des idées de la génération qui a fait 1852.

Ils n'en ont ni les frayeurs ni les colères; ils se sentent à l'étroit dans le cercle où leurs pères se sont enfermés, poursuivis par des spectres.

Et leur masse, foulant aux pieds les spectres, va devenir prépondérante.

V.

Les limites de cet écrit ne permettent pas de discuter tous les grands sujets de politique intérieure et extérieure sur lesquels le gouvernement et l'opposition manifestent des doctrines absolument différentes. Mais, quant à ce qui importe en première ligne : la liberté, le gouvernement et ses amis mettent sans cesse en question l'aptitude et la maturité de la nation. Ils croient ou affectent de croire que la nation n'est pas capable d'user de la liberté.

L'opposition soutient que c'est chose étrange de voir

une grande nation tenue en lisière par des hommes qui n'ont que cinq pieds de haut et quatre membres comme tout le monde.

Elle soutient que c'est en marchant que l'on apprend à marcher, et que d'ailleurs l'expérience de ces derniers temps prouve la maturité de la nation quant à la liberté la plus importante, celle de se réunir. En effet, depuis plusieurs années de nombreuses autorisations de se réunir ont été données à Paris et ailleurs, et pas une seule fois il n'en est résulté d'inconvénients ni de désordres ; c'est le gouvernement lui-même qui le déclare.

VI.

Tout le monde sait aujourd'hui ce qu'en langage politique on appelle *gouvernement personnel*; or, l'opposition montre que le gouvernement personnel est plein de dangers. Elle soutient que le pays ou ses représentants devraient être au moins consultés lorsqu'il s'agit de la guerre et de toutes les questions les plus importantes.

On vous dira, — car c'est un propos fort en usage aux campagnes : — Il faut un maître ! Dans une ferme il faut que le fermier soit le maître absolu, sans quoi il ne saurait se faire obéir, et rien ne marcherait.

Mais la comparaison n'est pas juste.

Dans une ferme, c'est le fermier qui engage les gens à son service, c'est lui qui les paye et les nourrit. Et c'est à cause de cela qu'il les commande d'une manière absolue.

Tandis que c'est la nation qui paye le gouvernement et le nourrit. C'est donc lui qui est le serviteur. C'est donc à la nation d'exercer sur les actes de son gouvernement le contrôle et la haute main qui appartiennent à celui qui paye.

Ce contrôle, vous ne pouvez l'obtenir qu'en nommant des députés résolus à le rendre sévère, efficace.

La haute main, vous ne l'avez qu'une fois tous les six ans, au jour des élections générales; car c'est alors seulement que, par vos votes, vous pouvez faire savoir au gouvernement si vous êtes contents de sa marche, et transmettre à vos députés la mission de continuer cette marche, ou l'autorité nécessaire pour travailler à ce qu'elle soit changée.

VII.

Dans les élections, les candidats du gouvernement ont un immense avantage : ils font une multitude de promesses.

« Si vous me nommez, je vous ferai avoir un pont. »

« Si vous me nommez, je vous ferai avoir une route. »

« Je vous ferai avoir…, » etc., etc.

Dans beaucoup d'endroits on sait ce qu'il en est de ces belles promesses, oubliées dès le lendemain du scrutin. Mais plusieurs s'y laissent encore prendre.

Tous les électeurs ne verront-ils donc pas un jour que c'est folie d'écouter ces promesses. Car, si l'on vous promet tant de choses afin que vous votiez pour le candidat officiel, c'est donc que l'on y a un grand intérêt.

Lequel?

Eh! c'est bien simple. Le gouvernement n'aime pas le contrôle. — Ce n'est pas là un défaut qui lui soit particulier; c'est une chose naturelle à tous les humains, on n'aime pas la critique. — Et pour obtenir un député qui ne le contrarie point, le gouvernement laisse faire en son nom beaucoup de promesses.

Mais ne voyez-vous pas que c'est parce qu'il y trouve

en définitive l'avantage de faire voter tout ce qu'il veut, impôts, emprunts, etc.? Et alors il n'est pas étonnant que, sur le produit énorme de ces impôts et de ces emprunts, on accorde un petit pourboire aux cantons qui ont voté pour le candidat du gouvernement.

Mais quand il faut passer chez le percepteur, soyez tranquilles, les pourboires sont bien rattrapés par le gouvernement. Car, en définitive, toutes ces promesses, lorsqu'on les tient, c'est vous qui les payez par l'impôt. C'est avec votre argent que le gouvernement paye tout ce qu'il fait.

Les candidats de l'opposition ne peuvent vous promettre ni ponts, ni routes, ni bureaux de tabac, ni rien de toutes ces friandises électorales dont, à les entendre, messieurs les candidats officiels ont les poches pleines.

Mais, si depuis quinze ans on les avait élus en majorité au lieu de ceux qui ont été nommés, vous payeriez un quart ou un tiers d'impôts de moins, vous n'auriez eu ni guerre du Mexique, ni démolitions insensées dans Paris, ni bien d'autres aventures qui ont enflé le budget et les impôts au point où ils sont.

Et cette maladie du budget, cette enflure croissante ne s'arrêtera pas tant que les députés de l'opposition ne seront pas en majorité ou tout près de l'être.

VIII.

En définitive, deux doctrines sont en présence :

Celle des gens qui veulent que tout soit fait par le gouvernement, et qui en conséquence sont disposés à lui accorder tout ce qu'il demande, pourvu qu'il se charge de tout faire, y compris le bonheur et la fortune de ceux qui parlent ainsi ;

Et une autre doctrine qui prétend que les nations doivent autant que possible faire leurs affaires elles-mêmes, et doivent en tous cas surveiller rigoureusement les gouvernements qui font leurs affaires.

Dans la première doctrine, on donne au gouvernement tout ce qu'il veut; dans la seconde, on lui donne le moins possible.

Vous le voyez, l'opposition n'a pas pour but de taquiner le gouvernement, elle est le résultat d'une doctrine. C'est justement pour cela que ses adversaires la trouvent si mauvaise et disent que ceux qui sont de l'opposition sont des hommes de *mauvaises doctrines*. — C'est aux électeurs d'en décider.

Ainsi la question, dégagée de toutes ses rouilles, va se poser entre ceux qui sont parfaitement contents de tout ce qui est, de tout ce qui se fait ou s'est fait, — lesquels devront voter pour les candidats officiels,

Et ceux qui sont mécontents, — lesquels devront voter pour les candidats de l'opposition.

PAUL DE JOUVENCEL.

Juin 1868.

PARIS. — J. CLAYE, IMPRIMEUR, 7, RUE SAINT-BENOIT. — [838]